In derselben Reihe erschienen:

NOTIZEN DER WEISHEIT

ANTIKES GRIECHENLAND
Herausgegeben von Jacques Lacarrière
JESUS
Herausgegeben von Jean-Yves Leloup
ISLAM
Herausgegeben von Nacer Khémir

Die Reihe wird fortgesetzt

Titel der Originalausgabe: „Paroles Zen"
Reihentitel: „Carnets de Sagesse", herausgegeben von
Marc de Smedt und Michel Piquemal
© 1994 Albin Michel Jeunesse, Paris
Einbandillustrationen und Vignetten: Danielle Siegelbaum

Alle Rechte der deutschsprachigen Ausgabe vorbehalten
© 1995 Verlag St. Gabriel, Mödling—Wien
Übertragung: Franz Derdak
Diese Ausgabe erscheint in Coproduktion mit dem
Echter Verlag, Würzburg
ISBN 3-429-01728-9 (Echter) für die Bundesrepublik Deutschland
ISBN 3-85264-489-5 (St. Gabriel) für Österreich, die Schweiz und
Südtirol
Satz: Fotosatz St. Gabriel, Mödling
Druck: Theiss Druck, Wolfsberg
Printed in Austria

NOTIZEN
DER WEISHEIT
ZEN

Herausgegeben von Marc de Smedt
Übertragen von Franz Derdak

*Kalligraphien und Sumi-e
von Meister Taisen Deshimaru*

Das japanische Wort „Zen" bedeutet: Meditation. Es bezeichnet eine der Schulen des Buddhismus in Japan, die die Praxis der Meditation im Sitzen pflegt in der Tradition des Buddha. In den Schriften wird erzählt, wie Buddha vor ungefähr 2500 Jahren an einem Feld vorbeiging und plötzlich einen Bauern bat, ihm einen Armvoll von den langen, biegsamen Kräutern, die „sala" genannt werden, abzuschneiden, um daraus, indem man sie verknüpft, einen runden Meditationsteppich herzustellen. Weiters wird erzählt, daß er sich in die Stille des Waldes begab und manchmal einen Stein wählte oder abgefallenes Laub aufhäufte, um sich einen Sitzplatz zu bereiten, der es ihm erlaubte, sehr fest in der sitzenden Position zu verweilen, die er sich unter vielen anderen in den Übungen des Yoga angeeignet hatte. In der Tat, er hatte die Grundposition des „raja yoga" (des königlichen Yoga) wieder aufgenommen, die darin besteht, sich im Lotus- oder Halb-Lotus-Sitz hinzusetzen, d. h. mit ganz oder halb

überkreuzten Beinen. Das Kissen, das er bei der Übung dieser Position verwendete, dient nicht bloß der Bequemlichkeit: Es erlaubt auch, die Wirbelsäule besser zu entlasten, indem man sie natürlich beugt, und ferner einen festeren Sitz zu finden, indem man die Knie zum Boden drückt. Nachdem man sich auf diese Weise niedergelassen hat, muß man die rechte Hand in die linke Hand legen, wobei die Daumen senkrecht gerichtet sind und sich an den Spitzen berühren (siehe Foto auf Seite 52), und weiters die Aufmerksamkeit auf tiefe Atmung konzentrieren, die bis in den Unterleib, bis unter den Nabel, an die Schwelle des Bewußtseins geht, und einfach die bildlichen Gedanken, die sich einstellen, betrachten und vorbeigehenlassen wie Wolken am Himmel. So ist man Zuschauer seines eigenen geistigen Universums; man sieht sich handeln, sich Sorgen machen, träumen und sinnen... Nach und nach beruhigt sich der Gedankenwirbel in uns; vom reißenden Sturzbach wird er zum ruhigen Strom, der uns erlaubt, die innere Ruhe wiederherzustellen und doch einen echten Zugang zur Wirklichkeit zu finden. Diese ist also nicht mehr Einbildung, sondern man sieht sie in einer klaren Vision, frei von Täuschungen, die sie verdecken.

Diese einfache Sitzposition war also der Anfang der ganzen Lehre des Buddha. Er gab sie weiter an Schüler, die sie von Generation zu Generation verbreiteten im Bereich des ganzen indischen Subkontinents und bis nach Südostasien. Im sechsten Jahrhundert unserer Zeitrechnung kam ein Mönch aus Ceylon (Sri Lanka), Bodhidharma, nach Südchina, wo er nach langen Jahren der Meditation in einer Grotte das berühmte Kloster von Shao-Lin gründete. Seine Lehre verbreitete sich in der Folge in ganz China unter dem Namen des Ch'an-Buddhismus.

Erst im zwölften Jahrhundert gelangte ein anderer Mönch, Dogen, von Japan nach China, wo er in einem Kloster in die Technik dieser Meditation eingeweiht wurde. Darauf kehrte er heim, um sie in Japan zu lehren. Von dieser Zeit an wurde der Ausdruck „Zen" verwendet, um sowohl die Sitzposition („zazen" = „za": sitzend, „zen": Meditation) als auch die philosophische Schule, die daraus entstand, zu bezeichnen. Die Prinzipien, die diese Lehre überliefert, sind gekennzeichnet durch eine ziemlich knappe Sprache, sogar von einer gewissen Herbheit, und durch philosophisch-psychologische Konzepte, die sich in einem einzigen Wort zusammenfassen lassen: loslassen. Wir sind noch immer dabei, die Welt zu erobern, und wir begehren ohne Unterlaß, etwas zu bekommen, zu erreichen; der Buddhismus dagegen lehrt, daß wir hungrig im Geist sind und begierig nach Gedanken.

Dieses Verhalten führt uns zu einer Art Wahn, dessen

Folgen man im menschlichen, allzumenschlichen Alltag laufend beobachten kann. Um die irreführenden Auswirkungen dieser Einstellung zu bekämpfen, müssen wir lernen, uns loszulösen: Es geht nicht darum, alles zu verlassen, keineswegs. Losgelöstsein ist eine innere Einstellung, ein Darüberstehen über der Situation, eine Distanz, die zu bewahren ist, die Selbstdistanz, die Distanz zwischen dem Ich und dem Sein, eine Lebensethik. Der Zenmeister Taisen Deshimaru sagte weiters, daß es unnütz sei, sich in eine Grotte mitten in den Bergen zurückziehen zu wollen, um das Loslassen zu lernen. Diese Meditationstechnik, egal wo sie praktiziert wird, hat den gleichen Effekt wie eine Grotte, ein einsames Bergland.

Das Ziel dieser Technik ist es, die innere Ruhe zu finden und die ursprüngliche Dimension unseres Geistes, unseres ganzen Seins. Denn die Ruhe, wenn wir sie in uns gefunden haben, erlaubt auch, rund um uns Ruhe zu schaffen. Es ist wirklich schwer, die Probleme der Welt zu regeln, bevor man seine eigenen Probleme gemeistert hat.

Wie soll es einem gelingen, eine gerechte Existenz zu leben, wie, eine reine Energie zu schaffen?

Auf alle diese Fragen will Zen antworten, das, wie ich glaube, ein möglicher Weg zur Weisheit ist für jeden, egal ob religiös oder nicht, eine Technik des Erwachens, die ausreichend universell und brauchbar für uns sein kann, heute und im kommenden Jahrtausend.

Egal ob in Form einer Erzählung oder eines historischen Dialogs zwischen Meistern und Schülern, in Form einer traditionellen Lehre oder der berühmten „Koans" (geheimnisvolle und paradoxe Worte, die dazu bestimmt sind, ein Erwachen herbeizuführen), die einzelnen Sentenzen, die Sie lesen werden, zeugen von diesem Geist.

Marc de Smedt

Wie wenn ihr euch betrachtet
im Spiegel:
die Gestalt und das Spiegelbild sehen einander an.

Ihr seid nicht das Spiegelbild,
aber das Spiegelbild ist nichts ohne euch.

Hokyo Zan Mai:
„Das Samadhi (d. h. die Sammlung, Konzentration)
des Spiegels des Schatzes"
Meister Tozan

Ein Sperlingspaar auf dem Ast eines blühenden Pflaumenbaumes.

Die Farbe der Pinien

ist weder eine altmodische

noch eine moderne.

Koan

Zedernwald

In der Dunkelheit ist das Licht,
richtet euren Blick
nicht nur auf das Dunkle.

Im Licht ist das Dunkle,
richtet euren Blick
nicht nur auf das Helle.

Licht und Dunkelheit
schaffen einen Gegensatz,
und es hängt doch das eine ab vom anderen,
wie der Schritt des rechten Beins
abhängt vom Schritt des linken Beins.

San Do Kai:
„Das Wesen und die Erscheinungen
durchdringen einander"
Meister Sekito

Kastanien, süßer Geschmack in einer stachligen Schale.

龍舞真如

GEHEN IST ZEN,
SICH NIEDERSETZEN IST AUCH ZEN.
Ob man spricht oder ob man schweigt,
ob man sich bewegt oder ob man unbeweglich ist,
der Körper bleibt immer in Ruhe.
Sogar wenn man sich einem Schwert gegenüber sieht,
bleibt der Geist ruhig.
Selbst gegenüber einem Gifttrank
bleibt der Geist unerschütterlich.

Shodoka:
„Das Lied des unmittelbaren Satori
(d. h. der Erleuchtung)"
Meister Daishi

Der geheimnisvolle Vogel spielt.

Der Mensch sieht die Blume an,

die Blume lächelt.

Koan

Eine wilde Chrysantheme

Wie saht ihr aus

vor der Geburt eurer Eltern?

Koan

Einsame Landschaft eines Bergdorfes
im morgendlichen Nebel.

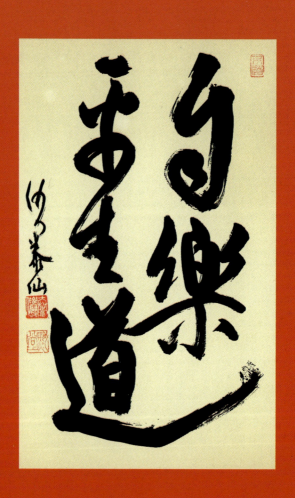

Meister Unmon sagt:

„Ich frage euch nichts über die vergangenen zwei Wochen. Aber was soll man über die kommenden zwei Wochen sagen? Sagt mir etwas darüber."

Als keiner der Mönche antwortet, sagt er:

„Jeder Tag ist eine guter Tag."

Das Glück in der reinen Wahrheit des täglichen Lebens.

In einem kleinen Tempel,
der ganz einsam in den Bergen lag,
praktizierten vier Mönche Zazen.
Sie hatten sich entschieden,
eine Meditationssitzung
in absoluter Stille abzuhalten.

Am ersten Abend, während des Zazen,
ging die Kerze aus, und das Dojo
(die Halle für religiöse Übungen)
wurde in tiefe Dunkelheit getaucht.

Der Mönch, es war der jüngste unter ihnen,
sagte halblaut: *„Die Kerze ist ausgegangen!"*

Der zweite antwortete:
*„Du sollst nicht sprechen, das ist
eine Sitzung in absoluter Stille."*

Der dritte fügte hinzu:
*„Warum sprecht ihr? Wir müssen
schweigen und still sein!"*

Der vierte, der für die Meditationssitzung verantwortlich war, schloß:
*„Ihr seid alle schrecklich dumm und schlecht,
ich bin der einzige, der nicht gesprochen hat!"*

Berge am Fluß

Das reine Wasser dringt ein
bis in die Tiefen der Erde.
Auch wenn der Fisch
in diesem Wasser schwimmt,
behält er die Freiheit
eines wahren Fisches.

Der Himmel ist weit
und durchscheinend klar
bis ans Ende des Kosmos.
Auch wenn der Vogel am Himmel fliegt,
behält er die Freiheit
eines wahren Vogels.

Zazen Shin:
„Der Geist des Zazen"
Meister Dogen

Katzenfisch

Ein König wollte einen sehr starken Kampfhahn haben, und er hatte einem seiner Untertanen befohlen, einen solchen abzurichten. Am Anfang brachte dieser dem Hahn die Technik des Kampfes bei. Nach zehn Tagen fragte der König: *„Kann man einen Kampf mit diesem Hahn veranstalten?"* *„Nein, nein, keineswegs! Er ist stark, aber er wirkt nur äußerlich kräftig, er ist aufgeregt, er ist nicht ausdauernd."* Zehn Tage später fragte der König den Abrichter: *„Können wir jetzt einen Kampf veranstalten?"*

„Nein, nein, noch nicht. Er ist noch zu leidenschaftlich, er will immer kämpfen. Wenn er die Stimme eines anderen Hahnes hört, sogar aus einem Nachbardorf, wird er ganz wütend."

Nach weiteren zehn Tagen des Abrichtens fragte der König aufs neue: *„Ist es jetzt möglich?"* Der Abrichter antwortete: *„Jetzt regt er sich nicht mehr auf, wenn er einen anderen Hahn hört, er bleibt ruhig.*

Seine Haltung ist aufrecht, und sein Körper ist kräftig. Er wird nicht mehr wütend, die Energie und die Kraft verlieren sich nicht mehr im Äußerlichen."

"Also ist jetzt ein Kampf möglich?" fragte der König. Der Abrichter antwortete: *"Vielleicht."*

Man führte zahlreiche Kampfhähne zusammen und veranstaltete ein Turnier. Aber die Kampfhähne konnten sich diesem einen Hahn nicht einmal nähern. Sie stoben davon, aufgescheucht und erschrocken! Daher brauchte er nicht einmal zu kämpfen. Der Kampfhahn war zu einem Hahn geworden, der keine Miene verzog. Er war über das bloße Pflegen der Kampftechnik hinausgelangt. Er hatte eine starke Energie entwickelt, die sich nicht nach außen hin vergeudete. Seine Macht befand sich von nun an in ihm, und die anderen konnten nicht anders, als sich vor seiner souveränen Sicherheit und seiner wahren, ihm innewohnenden Kraft zu beugen.

Maku, das Pferd der Leere.

一月輪掛燈

Das leuchtende Mondlicht
des Geistes,
rein,
ohne Flecken,
makellos,
bricht die Wellen,
die sich ans Ufer wälzen
und es mit Licht überfluten.

Die Technik des Zen
Meister Deshimaru

Der Mond wie ein feuriger Kreis.

UNSER AUSATMEN

ist das des ganzen Universums.

UNSER EINATMEN

ist das des ganzen Universums.

In jedem Augenblick vollziehen

wir so das ganze Schöpfungswerk.

Das zu begreifen bedeutet,

jedes Unglück auszuschalten

und das absolute Glück hervorzubringen.

Meister Kodo Sawaki

Ein Adler auf einem Berggipfel.
„Allein auf einem Berggipfel sitzen
und Zazen üben."

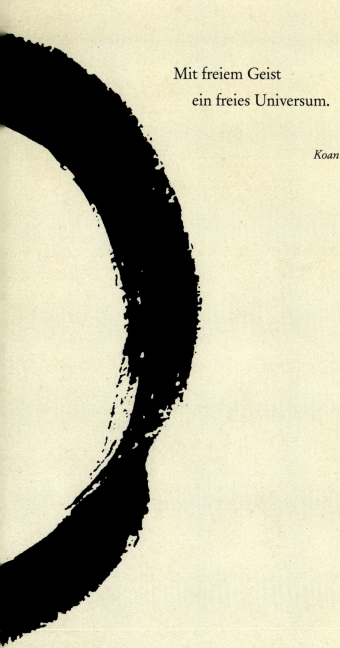

Mit freiem Geist
ein freies Universum.

Koan

Der Kreis, ein Bild des Kosmos.

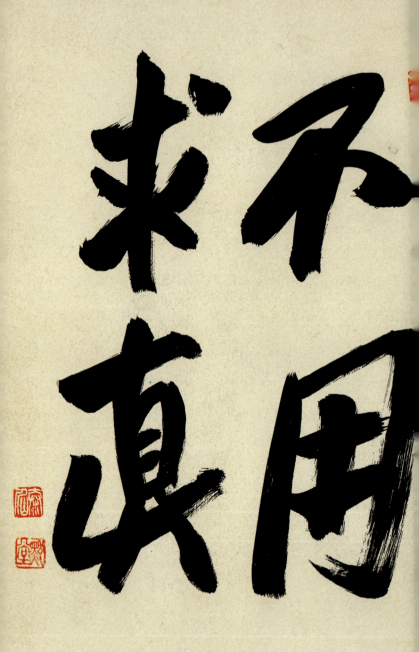

不用求真

Nan-in, ein japanischer Meister unter der Herrschaft der Meiji (1868–1912), empfing eines Tages einen Universitätsprofessor, der gekommen war, um sich über Zen zu informieren. Als er den Tee servierte, füllte Nan-in die Tasse seines Besuchers bis zum Rand und fuhr fort einzugießen. Der Professor sah zu, wie der Tee überlief, bis er schließlich, ganz außer sich, ausrief: „Kein Tropfen mehr, meine Tasse ist voll!"
„Genau wie diese Tasse", sagte Nan-in, „bist du erfüllt von deinen eigenen Ideen und Ansichten. Wie anders könnte ich dir zeigen, was Zen bedeutet?"

Versucht nicht die Wahrheit hochzuhalten.
Habt einfach keine Vorurteile.

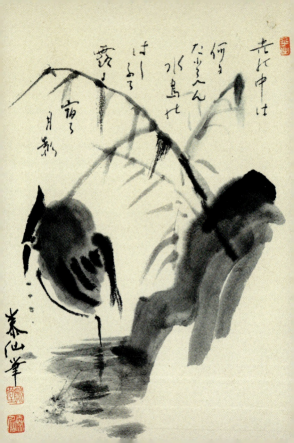

Hogen, ein chinesischer Meister,
lebte allein in einem kleinen Tempel
abgeschieden auf dem Land.
Eines Tages kamen vier Mönche auf ihrer Wanderschaft vorbei und fragten, ob sie sich in seinem Hof ein Feuer machen könnten, um sich aufzuwärmen. Während sie das Feuer vorbereiteten, hörte Hogen sie über Subjektivität und Objektivität diskutieren.

Er trat zu ihnen und sagte:
„Ihr seht diesen großen Stein.
Glaubt ihr, daß er sich innerhalb
oder außerhalb eures Geistes
befindet?"

Einer der Mönche antwortete:
„Aus der Sicht des Buddhismus
sind alle Dinge eine Objektivierung
des Geistes, ich würde sagen,
daß sich dieser Stein
in meinem Geist befindet."

„Dein Kopf muß sehr schwer sein",
schloß Hogen.

Ein Reiher, der sich zum Wasser beugt, unter einem Schilfrohr.
„Womit können wir unser Leben vergleichen?
Mit der Spiegelung des Mondes im Tautropfen,
der vom Schnabel des Vogels fällt."

Manche geben vor,

das Übel zu beseitigen

und zum Guten zu wenden.

Doch das ist nur ein vorübergehendes Streben.

Gewinnen oder Verlieren ist eine Illusion,

die glauben macht, es gäbe eine Persönlichkeit

und ein Ich.

Ich wäre gerne

ein Geist jenseits alles Vergänglichen.

Blauer Himmel und bleiches Mondlicht.

Der Wind schickt uns einen frischen Luftzug.

Verrückte Wolken
Meister Ikkyu

Räucherkessel aus Bronze

DER ZWANZIGSTE PATRIARCH HATTE GESAGT:

„Ich suche nicht den Weg,
aber ich mache auch nicht das Gegenteil.

Ich werfe mich nicht vor dem Buddha nieder,
aber ich verachte ihn auch nicht.

Ich bleibe nicht lang sitzen
(um zu meditieren), aber ich lasse mich
auch nicht gehen.

Ich reduziere meine Mahlzeiten nicht
auf eine einzige,
aber ich schlemme auch nicht.

Ich bin nicht mit allem zufrieden,
aber ich bin auch nicht habgierig.

WENN DAS HERZ
VON ALLEN BEGIERDEN FREI IST,
DAS IST DER WEG."

Der Große Weg ist von edler Art.
Daher ist er weder schwer noch leicht.

能隨
境滅

Ein Mönch fragte Joshu,
warum Bodhidharma nach China komme.
„Eine Eiche im Garten", sagte Joshu.

Der Kommentar des Meisters Deshimaru:

„Die Worte können nicht alles erfassen.
Die Botschaft des Herzens kann nicht
durch Worte ausgedrückt werden.

Wenn jemand die Worte wörtlich nimmt,
wird er verloren sein.

Wenn er versucht, in Worten zu erkennen,
wird er in diesem Leben nicht
die Erleuchtung finden."

Das Subjekt vergeht, indem es dem Objekt folgt.

Es reicht,
wenn es weder Liebe noch Haß gibt,
damit das Verständnis
zutage tritt,
ein plötzlicher Strahl der Erkenntnis,
wie das Tageslicht
in einer Höhle.

Shin Jin Mei:
„Gedichte über die Treue im Geist"
Meister Sosan

Der Vollmond geht über dem Berggipfel auf.

Der blaue Berg am Ufer des Meeres

bewegt sich nicht,

aber der Geist des Vogels

entflieht über die Wellen

und folgt

dem Fließen des Wassers.

Meister Daishi

Ein kleiner Vogel auf einem mit Moos bedeckten Stein.

Alle Kalligraphien und Sumi-e (d. s. chinesische Tuschezeichnungen) im vorliegenden Band stammen von Meister Taisen Deshimaru (1914—1982), einem Zenmeister, der es während seiner fünfzehnjährigen Lehrtätigkeit in Europa verstand, den Geist des Zen und seine Technik zu verbreiten.

Alle Zitate im vorliegenden Band entstammen folgenden Werken:

Maître Taisen Deshimaru, *La Pratique du zen; Zen et arts martiaux; Le Bol et le bâton.*
Maître Ikkyû, *Nuages Fous.*
Paul Reps, *Le Zen en chair et en os.*
Maître Sosan, *Poèmes sur la foi en l'esprit* (à paraître).

Alle diese Texte erschienen als Taschenbücher in der Reihe „Spiritualités Vivantes" sowie „Espaces Libres" im Verlag Albin Michel.

Nähere Informtionen zum Zen-Buddhismus bieten u. a. folgende Bände:

Hugo M. ENOMIYA-LASSALLE: ZEN – Weg zur Erleuchtung. Einführung und Anleitung (Herder-Taschenbuch Band 4121).
Hugo M. ENOMIYA-LASSALLE: Der Versenkungsweg. ZEN-Meditation und christliche Mystik (Herder-Taschenbuch Band 4142).
Katsuki SEKIDA: Zen-Training. Das große Buch über Praxis, Methoden, Hintergründe (Herder-Taschenbuch Band 4184).
Robert AITKEN: Zen als Lebenspraxis (Diederichs Gelbe Reihe Band 78).
Eugen HERRIGEL: Der Zen-Weg (O. W. Barth-Verlag).
Daisetz T. SUZUKI; Eugen HERRIGEL (Vorw.): Leben aus Zen. Eine Einführung in den Zen-Buddhismus (O. W. Barth-Verlag).
Daisetz T. SUZUKI: Zen und die Kultur Japans (O. W. Barth-Verlag).
Daisetz T. SUZUKI: Wesen und Sinn des Buddhismus. Ur-Erfahrung und Ur-Wissen (Herder-Taschenbuch Band 4197).

Weitere Gedichte schließlich finden sich in der Anthologie:
Wilhelm GUNDERT, Annemarie SCHIMMEL, Walther SCHUBRING (Hrsg.): Lyrik des Ostens. Gedichte der Völker Asiens vom Nahen bis zum Fernen Osten (Hanser Verlag).